붉게 물든 노을이 숲 뒤쪽에서

신해식 두 번째 시집

붉게 물든 노을이 숲 뒤쪽에서

신아출판사

■ 책머리에

시를 쓰는 즐거움

즐거움으로 시를 쓴다고 하면 이상한 사람으로 볼지 몰라도 지금까지 쓴 나의 모든 시를 말하라고 하면 즐거움 그 자체로 쓴 시였다.
다만, 한 가지는 있다.
한꺼번에 즐거워 버리면 그 다음에 무엇이 올까 두려움은 있었다.
시를 한꺼번에 다 써버리면 쓸 것이 없어 무얼 하나 하는 두려움이 도사리고 있기는 해서 시 쓰기를 아끼고 아껴서 일 년이면 열 편 이내의 시만을 고집해 왔었다.
그래서 달랑 첫 시집 한 권 『왕정동 연가』만 내 곁을 지켜주었다.
첫 시집 『왕정동 연가』 이후에 모아 둔 시 중에서 나만 즐거웠던 것을 빼고 나니 공감대를 형성할 수 있는 즐거움으로 남을 수 있는 시가 얼마 없었던 게 사실이다.
내 시를 보면서 독자들이 즐거웠으면 한다.
즐거움에 풍덩 빠져든다면 또한 행복할 수 있겠다.
그동안 시를 쓸 때마다 먼저 제자들의 귀를 즐겁게 해 준다는 명분으로 수업 시간에 제자들에게 시를 읽어 주곤했는데,

그리고 가족에게 시를 보여 주었는데 힘겹게 하지는 않았는지 모르겠다.
원래 내가 어리석은 사람이어서 남들의 눈치를 제대로 살피지 못해서 미안할 따름이다.
제자들이 더욱 즐거운 생활을 누릴 수 있도록 노력하는 선생님이 되어야겠고, 제자들의 그릇을 가득 채워주는 선생님이 아니라, 제자들을 큰 그릇이 될 수 있도록 지도하면서, 그리고 가족들의 건강과 행복을 위해 더욱 겸손해야겠다.
행복한 독자와의 만남을 기대하면서 이 시집을 세상에 내놓는다.

2012년 12월

신해식

■ 차례

둘째 마당_ 수련을 보다

셋째 마당_ 중심잡기

넷째 마당_ 소통으로 행복한 우리

첫째 마당

열 송이의 장미꽃

란 하늘 아래에서 산다는 것이 얼마나 아름다운 일이냐 아침마다 반추해보고 저녁마다 되뇌어보고 파아란

서시

우리는 기억한다. 평화로운 마을의 모습을
함박눈 펑펑 내리는 겨울 저녁에 남기고 지나간
나그네의 발자취 덮어버리는
쓸쓸한 자리에 서서도
낙락장송의 가지에 흐드러지게 피는 눈꽃
눈꽃 안으로 보이는 항상 푸른 솔잎을

우리는 기억한다. 평화로운 마을의 모습을
북풍 몰아치는 엄동설한의 겨울 저녁에 부대끼며
천지의 풍진을 다스리는
옷 벗고 서 있어 추위에 떨면서도
주목나무, 항상 푸르게,
사철나무, 항상 명랑하게,
향나무, 항상 향내나게,
벌거벗은 오동나무,
홀로 외로운 단풍나무,
단단하게, 포근하게, 감싸주는,
낙락장송의 장엄함을.

우리는 기억한다. 평화로운 마을의 모습을
모진 겨울 추위를 견디어내면
솜처럼 부드럽게,
바람에 날리어 흩어지는
버들강아지 가까이 있음을
정은 오손도손 깊어지고
그리하여 더욱 평화로운 마을을

가을의 서정

짝을 찾은
고추잠자리 한 쌍이
억새 우거진 수풀 속으로
돌진한다.

억새 수풀을
마구 흔들어대는 바람.

놀란
고추잠자리
더욱 힘을 주어 서로를
끌어안고
잦아지는 풀벌레들의
합창소리.

따가운 햇살
등허리에 내려 꽂힌다.

갈대

나날이 엷어져 가는 햇살의
무게를 가늠하며
쭉정이 마른 가지 불타는
노을을 바라본다.
지푸라기 한 올도 감당하기 힘든 몸
살짝 기대고 앉아 가부좌를 튼
고추잠자리. 그래도
의지할 곳이 있어 다행이지만 오늘은
기침이 너무 잦구나.
시베리아 벌판. 그 황량한
벌판을 달리는 마차처럼 우리의 삶도
사각 사각 사각 사각
쉰 목소리 헐어버린 바지
비틀어진 긴 목줄기

코스모스의 꽃술 같은
화해의 손
가만히 내민다.

거미

이제 집을 하나 짓자.
먼 길을 걸어오다 망각했던
고래 힘줄만큼 질긴
인연의 끈으로 엮어서
집을 하나 짓자.
아침이면 문틈으로 보이는
세상 바깥쪽의
이야기도 받아보면서 물 맑은
생각의 집에서 머무를 수 있도록.
찾아올 사람 없어
아침 햇살 밝게 비치는 행복한
강가의 마을.
나뭇잎 사이로 내려 꽂히는
죽음의 요새.
부활의 휘파람을 불면서
강가의 모래알을 밟으면
밀리고 밀어내는
수액의 진한 방울 어느새
소매 끝으로 흘러내리고

하루살이 서글픈 삶이
때로는 낯설어질 때도 있겠지.

겨울 나무

추울수록 단단해지기
매서울수록 파래지기
거세질수록 잔잔해지기
더러워질수록 깨끗해지기

그 속을 흐르는 물
시리도록 파란 하늘

공중 제비

가파른 산 넘고 물 건너
사금파리와도 같은
세상의 언덕으로
정처없이 흐르고 흘러
찔레꽃 피는 계절 쯤이었을까.
가진 것 없이 떠도는
장돌뱅이가 되고 말았지.
떨어지고 떨어져 더 이상
떨어질 수 없는 폭포수
하얀 물거품 입에 물고 아래로 아래로
공중 제비가 되고 말았지.

오던 길 다시 돌아
먼 길을 가야 할 때
쌓이고 쌓인 낙엽
썩어 버리듯이 가슴에
고이고 고여서 맺힌 곰삭은
들풀처럼 많은 사연들
비우고 비우고 비우는 공중 제비

공중에 그려놓은 울음소리 찾으러
내년에 다시 돌아올 거야.

물의 나라

골 깊은 산골짝을 휘돌아
구천 리를 달려서
아버지의 고향을 찾아왔다.
아버지의 고향이 그리워서
뒤돌아 뒤돌아 보며
바뀌고 바뀌고 바뀌어버린
어릴 적 아버지의 고향이 그리워서
근원을 찾아 올라왔다.
올라갈수록 세상은 더욱 멀어지지만
아버지의 고향은
물이 맑아지면서
한 세상이
환하게
밝아온다.

물의 노래

먼동이 트면
높은 곳에서 낮은 곳으로 내려오기

저녁 노을 붉게 물든 순간에
낮은 곳에서 높은 곳으로 올라가기

물은 황금의 소리를 낸다.

아침이 되면
물은 희다.

밤이 되는 순간에
물은 깊어진다.

변하고 변하고 변하여도
변함없이
태어난 곳으로 돌아온다.

아침 산

매일 마주치며 지내는
친구인 그가
어제 저녁에는 정녕
부끄러운 짓을 했나 보다.
별빛만 초롱초롱 빛나는
달도 없는 저녁은 그렇다 치고
동쪽 향적봉 너머에 태양이
한 발이나 높이 뜬 오늘 아침에는
물안개의 품에 빠져서
모습조차 볼 수가 없으니
어제 저녁에는 정녕
부끄러운 짓을 저지르고 말았나 보다.

강을 따라서
물안개는 요염한 모습으로
지상의 빛나는 물체들을
모두 날려 버리는 아침
아침 산도 예외일 수는 없지.
한 번의 실수도 허락하지 않는
세상살이의 이치를
깨닫지 못한 아침 산 쯤은

물안개 앞에서는
무명의 존재일 뿐이야.

아침 산의 허리께에
걸려 있는 물안개는
미덕과
여유와
한가로운 도인과 같아서
마냥 가까운 한 폭의
한국화로 감상할 수 있지만
골 깊은 강물을 따라
봄이 보리처럼 무르익는 아침.
물안개의 농도는 짙어가고
물안개는 지상의
빛나는 물체들을
모두 품어 버린다.

아침 산도
물안개의 품에
포위되고 말 것이다.

열 송이의 장미꽃

파아란 하늘 아래에서
산다는 것이
얼마나 아름다운 일이냐
아침마다 반문해보고
저녁마다 되뇌어보고

파아란 하늘 아래에서
새가 날아 다닌다는 것이
얼마나 아름다운 일이냐
마음속으로 느끼고
온몸으로 깨닫고

오늘 아침 문득
어린 자식들의 성화에
열 송이의 장미꽃을
아내의 품에 안겨주고
다시 바라보는 파아란 하늘은
그동안 잊고 살았던
아내의 사랑이었구나

파아란 하늘 아래에서
산다는 것이
얼마나 아름다운 일이냐
파아란 하늘
너를 사랑한다.

팔려가는 고추 이야기

자루 속의 어두움은 싫지만
장터로 향하는 날
혼잡한 아귀다툼의 시내버스
검게 그을리고 갈라진
시달리는
몸들과 부딪히면서
사람 사는 세상을 만나보기라도 한다면
정말 살맛나겠지.
발길에 채이어 가면서
가슴 설레는
장터에 몸을 부리고 나면
흥정이 끝나고
기다리는 것은
지폐 몇 장
그래도 좋다
손가락에 침을 발라가며
세는 지폐 몇 장이
행복하게 한다면
지난 여름의 뙤약볕 정도야 별 것도 아니지
나는 도시의 어느 집으로 가서

아낙네의 손에 묻히어
배추 속 깊이 묻히어도 좋다
나는 좋다.

찔레꽃

동으로 동으로 황금빛 태양이 안개낀 하늘에
부끄러운 모습으로 살며시 비추던 날 아침
배가 고플 때면 동산에 올라가 순을 꺾어서
허기를 채우던 찔레꽃 피는 계절에
솔갱이 한 가지라도 끌고 오시던
당신의 모습으로
골 깊은 산골짝을 휘돌아 휘돌아
물 맑고 향기로운 인심이 있는 곳으로
천 리를 달려서 찾아왔습니다.
당신의 손때 묻은
돌 하나라도 찾아내기 위하여
근원을 찾아왔습니다.
실체는 보이지 않고
울음소리만 푸르른
당신의 땅에는
외로움으로 온몸을 떠는
온갖 새들의
명랑한 소리로 가득합니다.

지금도 이 곳은 찔레꽃으로 한창입니다.

붉게 물든 노을이 숲 뒤쪽에서

단풍나무 숲길을 따라
백발의 부부가
앞서거니 뒤서거니
서로를 의지하며
산길을 가고 있다.
가을의 끝자락
노랑나비 한 쌍도 뒤를 따라 가고
어디쯤에서 불어오는
바람에 날려
붉게 물든 노을이 숲 뒤쪽에서
번져오고 있다.

뜨거움에 대하여

향기 없는 향 없듯이
열정 없는 뜨거움
또한 없는 법이다.
별이 없는 어둠이 존재할 수 없듯이
차가움이 없이는 뜨거움 또한 없는 법이다.
삶은 뜨거움의 연장선상.
한 잔의 차를 후후 불어가며
마시는 뜨거움 속에
산길을 넘어 맑은 바람 한 줄기
불어올지도 모르지.
만져보아라, 가만히 내려다보면
별거 아닌데
뜨거움으로 뜨거움을 태워버리는
저 찻잔의 가장자리.
안개 속을 달려가는 태양의
허무함도 볼 수 있지.
뜨거움으로
속된
생각
하나
내려 놓고 싶다.

불안한 비상

구름이 살짝 걷히면서
하늘이 열리고
햇살이 잠깐 보였다.

사마귀 한 마리
삶의 무게만큼 무거운
몸을
공중으로 날렸다.

새는

하염없이 내리는 눈발을 헤집고
된바람에 몸을 맡긴다.
겨울의 끝자락을 잡고
지나치는 하늘
남루한 옷자락을 펄럭이며
헤매는 낯선 거리
먼 산 바라기 한 번
두리번거리기 한 번
가는 목줄기,
무딘 발톱을 세우고
죽은 목숨이든
산 목숨이든 찾아야 한다.

얼어붙은 겨울의 끝자락
양지바른 언덕을 지나
후미진 산 모퉁이에서라도
살아남기 위해서는
낟알 하나라도 찾아야 하는데

가는 목줄기, 무딘 발톱을 세우고
먼 산 바라기 한 번
두리번거리기 한 번

각박한 산정인데도 눈꽃은 만발한데
저잣거리에는 돌멩이만 뒹군다.

둘째 마당

수련을 보다

볕이 내려쬐는 여름 한철 연못 밖에서 연못을 보다 연못 속에서 수련을 보다 수련 밖에서 수련을 보다 수련

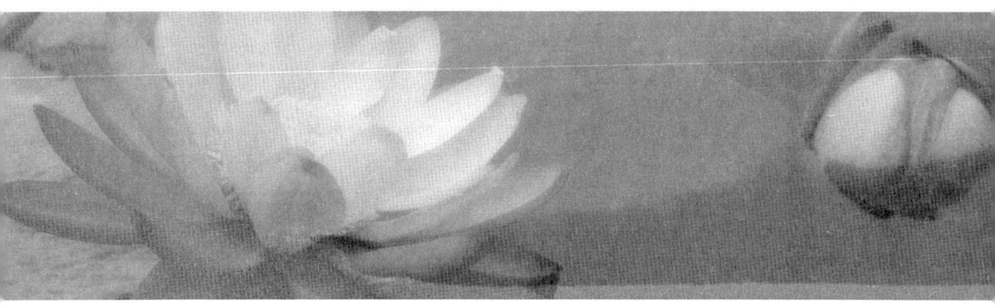

새벽 강에서 안개를 보다

속이 한 번 뒤집어지고 나더니
심술이 났나.
지난 여름 태풍으로
혼쭐이 났나.
새벽잠을 잃어 버리고
스멀스멀 기어나와
이곳저곳을 핥고 다니다가
곱지 않은 눈길 때문에
조약돌이
어둠을 삼켜버린
먼동이 트는
언덕으로 후퇴했다가
달맞이꽃
달밤에 꽃이 피듯
마음의 상처도 아물고
새살이
아롱아롱 돋아나는
서느런 미명의 신새벽.

새벽 강에서
안개를 보다.

파도

그날의 바다는
태풍의 끝날이어서
올라가기만 하면
무너져 내리고
올라가면
무너져 내리는

그날의 파도는
태풍의 끝날이어서
무너져 내리기만 할 뿐이었지.

촉촉히 젖은 바위 위에 앉아
갈매기는
바다 냄새에 취하고
무너져 내리는
파도에 휩쓸려
봉곳하게 솟은
섬으로
숨가쁜 항해를 하다가
결국은 날지도 못하고
바다에 주저앉고 말았지.

눈꽃, 그리고 사랑 하나

사랑은 모르면 몰라도
한 사람의 세상으로 들어가서
정원사가 되려는 일이려니
각시붓꽃,
양지꽃,
쥐오줌풀,
자주달개비,
하늘나리,
까치수염,
노루오줌에게
매일
물을 주고
풀을 뽑아 주면서
꽃을 피우려는
정원사가 되려는 일일 거야.

눈꽃, 그리고 사랑 둘

밤새 내리고도 모자라
이틀을 연속 내린
눈을 보고 있노라면
아흔네 해를 두고 앓아온
우리 어머니의 무릎이 생각난다.

지금, 병원에 입원 중이신
어머니의 무릎 관절 근처에서
그동안의
삶의 역정歷程을 파악할 수 있는
눈꽃의 깨끗하고 맑은
모습으로 되살아난다.
아들아, 눈꽃이 녹아내린 물방울이
나뭇가지를
타고 흘러내리듯
항상 순리에 맞게 살아라, 살아라 하신
세월의 눈으로 흐르고
흐르듯
어머니의 눈물이 되어
나의 가슴을 적신다.

눈꽃, 그리고 사랑 셋

새롭게 단장했습니다.
밤새 쇠망치로 두드리고,
펜치로 빼고,
톱으로 자르고,
풀로 붙이고,

하루 저녁나절 하고도
다시 다음 날 새벽까지

내부만이 아니고
속까지 전부

세상 사람들이 모두
깜짝 놀라게
눈꽃이 피었습니다.

눈꽃, 그리고 사랑 넷

왠지
그래도
사람들은
달갑지 않은 표정들입니다.
어린 아이들만
동네방네 돌아다니며
새롭게 단장한
아파트와 차 지붕에 얹혀 있는
눈만 뭉쳐서
저희들끼리 던지고 막 야단입니다.
에이, 해도 해도 너무해
벌써 일 미터가 넘었다네,
농촌의 비닐하우스와
오래된 낡은 집
지붕이 무너지고
살길이 막막한
사람들의 모습이
정말 보기 안타까운
겨울입니다.

단풍을 보면 눈물이 난다

단풍을 보면 눈물이 난다.
저 여린 잎들이 겪었을
지난 날들의 흔적이
고스란히
붉어진 이파리에 흔적으로 남아있다.

단풍을 보면 눈물이 난다.
노모의 금간 갈비뼈 만큼
이리 뒤척 저리 뒤척
운동장에 나뒹구는 붉어진 이파리들
사정없이 짓밟히는 저 여린 것들의
아픔만큼이나
노모의 갈비뼈에서
아픈 흔적의 눈물이 홍수를 이룬다.

단풍을 보면 눈물이 난다.
사랑이 곰삭으면 저렇게 붉어질까
눈 감아도 떠오르는
살기 위한 몸부림
언제나

우리의 마음은
물과 같이 투명한 것을

단풍을 보면 눈물이 난다.

대문 밖에서 하나

손을 이마에 대고
먼 산 바라기를 해본다.
어디에도 보이는 것이 없다.
보이질 않는다.
큰아들은 집을 나간 지 오래고,
둘째도 보이지 않는다.
앞산이 나래를 펴고
청둥오리처럼 다리를 쫙 펴고
물살을 가르며
다가온다.
아들아, 집 걱정일랑 하지 말고
너, 한 몸 건강이라도 제발 챙겨라.
깊게 파인 이마의 주름살이
바람처럼 출렁인다.

대문 밖에서 둘

정년 퇴임식장은
오른쪽으로 돌아서
중앙 본관 앞쪽으로 오시면 됩니다.
푯말이 돋보인다.
흰 머리카락이
가르마 양쪽으로
낙엽처럼 흩날린다.
화사한
남색 바지 저고리 대신
꽃다발 하나만 준비해 주렴.
다른 아무것도
나를 위안해 주지 못한다.
눈물은 보이지를 말고
꽃다발 하나만 준비해 주렴.
정년이란 이런 것이란다.

메타세쿼이아

처절하게 뾰족한 이파리
그것도 하나가 아닌
셀 수 없는
가녀림

봄, 꽃 피다

아버지와
어머니의 손을 잡은
아버지를 닮은 아들과
어머니를 닮은 딸이
왕벚꽃 만발한 대학로를
걸어가고 있다.
어머니의 커다란 눈은
아버지의
무표정한 얼굴과는 달리
하얀 눈동자에
봄, 왕벚꽃으로
가득 차 있다.

상생의 삶

조용하게 잠자는 시간에는
조용하게 할 것.
서로 몸싸움이 벌어지는 시간에는
격렬하게 대들듯이
서로를 서로가 지켜주는
상생의 삶
우리 모두가 바라는 삶이다.

세월

단풍나무 숲을
지금도 가끔씩은 서성거린다.
아름다운 목소리로 다가오는
숲 속의 바람 소리
비가 오면 비가 오는 대로
눈이 내리면 눈이 내리는 대로
우박이 쏟아지면
우박이 쏟아지는 대로
햇빛이 내려 꽂히는 날은
햇빛이 내려 꽂히는 대로
일요일은 일요일 대로
고요한 노래를 들으며
젊은 날의 가슴 저미는
흔적으로
지금도 가끔씩은 단풍나무 숲을
서성거린다.

수련을 보다

땡볕이 내려쬐는 여름 한철

연못 밖에서 연못을 보다
연못 속에서 수련을 보다
수련 밖에서 수련을 보다
수련 속에서 수련을 보다

더욱 깨끗해 질 것같은
더욱 환해 질 것같은
더욱 맑아 질 것같은
더욱 후련해 질 것같은

아름다운 인연

늘 넉넉하고
언제나 너그러운 포근한 웃음이
오늘은 빛 맑은 창가에
사랑으로 다가옵니다.
화사하면서도
다정스러운 그 웃음으로
이야기꽃을 피웁니다.

때로는 막걸리 한 사발의
풋풋한 인정으로
내장산 단풍과 같이 고운
따뜻함을 불러 일으키는
인연의 소중함을
개나리의 노오란 꽃잎으로
진달래의 붉은 영혼으로
목련화의 하얀 순수로
철쭉의 진한 사랑으로
우리는 영원히
기억할 것입니다.

높이높이 멀리멀리
아름다운 인연은
푸른 웃음으로
널리널리 퍼져나가
겸허하게, 참되게,
기쁜 웃음으로, 밝은 빛을 비추어
평화로운 영토에,
오순도순 깊어만 가고

늘 넉넉하고
언제나 너그러운 포근한 웃음이
오늘은 빛 맑은 창가에
사랑으로 다가옵니다.

올해의 단풍이 유난히 아름다운 이유

교문 지도에서 두발 불량으로 적발된
우리 반 영균이는
평소에 기분파 가운데 기분파이다.
이놈이 어느 날은
모과 한 개를 불쑥 내민다.
선생님 드리려고 따왔습니다.
함께 따라온 윤호는 옆에서
선생님, 이 모과는 받으면 안 됩니다. 한즉
이유를 물어보았더니
학교 정원에 있는 모과나무에서
따왔다는 것이다.
이럴 땐 받아야 될지
잠시 망설이고 있는 가운데
이것은 내가 받아야 되겠다고
다른 선생님께서 챙겨가시는 사이
뒷머리를 긁적이며 우르르 몰려 나가는
아이들의 손에는
노랗게 물든 은행나무 이파리가
한아름 펄럭이고 있었다.

셋째 마당

중심 잡기

경이 정겹다. 뿌리 깊은 느티나무도 왕성한 나이테의 흔적을 확실하게 남기기 위해서 중심잡기에 들어갔다.

장지에서

장례식장에 조문객들이 빠져나간 아침
발인이 시작되면서
눈이 내리기 시작했다.
희뿌연 안개 사이로 영구차가 앞을 서고
몇 대의 승용차가 뒤를 따른다.
시내를 거쳐 시골길에 접어들면
소나무 무성한 산들 사이에
함박눈이 하염없이 쏟아지기 시작한다.
그 많던 사람들 보이지 않고
나무와 언덕과 집 몇 채만 보이는 시골길
세상이 참 넓어 보인다.
세상살이에 쫓겨 지낸 지난 날
세상은 너무 좁게만 보였는데
세상은 너무 초라하게만 보였는데
장지에는
함박눈만이 흐드러지게
펄펄 내리고 있었다.

틈

철쭉꽃이 활짝 핀
지리산 세석 평원
새롭게 단장한 대피소 그늘 아래
잠시 피곤한 다리를 위해서
휴식을 취한다.
혼자
평상에 누워 있는 사람
몇몇
짝을 지어 김밥을 먹는 사람
오이와 과일을
먹으며 피로를 달래는 사람
잠시 샘터에 들러
물병에 물을 가득 채운다.

삶이란 그렇게 쉬엄쉬엄 사는 거
또 다른 삶의
틈을 즐기고 있다.

가을 편지

사랑합니다.
이 말 한 마디 하기가 이렇게
어려운지요.
사모하면서도
말로 표현하지 못하는 것은
우리 어렸을 때부터의 관습이었던
남녀 칠 세 부동석 탓이겠지요.
그러나 사랑합니다.
진실로 보고 싶고
그리워지는 것은
가을이라서 그러할 것입니다.
이 가을이 지나
사모의 열병이 눈속에 묻힐지라도
이 한순간 만큼은 당신을
사랑합니다.

입동立冬 근처

마음과는 관계 없이
어느새 계절은 겨울의 입구에 와 있다.
풀벌레 소리도 잦아들고
허연 서리가
강물의 뱃살처럼 내린

아름다운 사람은 멀리에 있고
보고 싶은 마음만 가득하네.
미워하는 사람도 미워할 사람도 없는
겨울 입구에서는
유난히 맑은 바람 소리
붉게 물든 저녁 노을 속으로
서글프게 흐르고 있다.

목장에 아침이 올 때

아주 오랜 옛날
눈이 많이 쌓인 목장
아침이면 동화 속의 나라가 되어
눈꽃이 피고
사람들은
양처럼
뛰어다니곤 했지.

이제
시간이 지나
눈이 와도
창문 밖 동화 속의 나라를
그저 바라만 보면서
그 옛날의 그리움만
되새기며
세월의 무상함에
고개를 흔든다.

호박의 꿈

오늘은 스승을 만나러 가는 날이다.
면벽하고 십 년을 좌선으로 지내신 분.
나처럼 벽만 보고 사시는 분이다.
바람부는 모습만 보고 사는 분이다.
오직 승천하기 위해서만 존재하는

보고싶다는 진솔한 표현을
제대로 하지 못하는
답답한 가슴 속
그 거리만 오가는 마음
속내를 드러내지 못하는
호박의 꿈

눈은 마음의 창

오는 사람 막지 않고
가는 사람 잡지 않으며
살면서
살아오면서
자유로울 수가 없었다.
눈은 말한다.

그물을 통과하듯
눈으로 들어온 사람아
이제는
마음으로 들어와 자리잡은 사람아
눈은 곧 마음으로 통하고
마음 속으로 들어온 사람을
굴절 없이 바라보며
눈은 말한다.

지금껏
두꺼운 안경은 두꺼운 대로
얇은 안경은 얇은 대로
굴절되어 들어오는

세상을 바라보며 살아왔는데

마음으로 들어와 자리잡은 사람아
이제라도 나는 마음의 창으로
올곧게 그대를 바라볼 수 있기를
눈은 마음의 창이라는데
마음으로 들어와 자리잡은 사람아.

만남

사랑하는 사람들이 사는 곳으로
한 발, 한 발 걸어간다.
매화로부터 시작되는
봄의 하얀 꽃망울
꽃잎이 피어나듯
향긋한 꽃내음 맡으며
한 발, 한 발 걸어간다.

삼월 어느 날
틔워오는 하얀 눈망울
꽃잎이 피어나듯
밝은 미소로 인사하는
사랑하는 사람들이 사는 곳
행복한 만남을 준비하며
따뜻한 손을 내민다.

산길 걷기

배롱나무 꽃 사이사이로
흰나비 넘실거리는
바다가 보이는 산길
한 자락 끝을 잡고 돌아돌아
나, 여기까지 오는 동안

몸도 마음도
산길에 푹 파묻혀
태산목과 분꽃으로
세월을 칠해 버렸다.

산을 오르다가 문득
바람이 그리워진다.
산길은 두 갈래로 갈라졌고
잠시 두 갈래 길 앞에서
망설이는 동안
낮은 산허리를 타고
오르는 길이
유혹을 한다.

전망대로 막바로 오르는 길이
옆에서 중얼거린다.
피할 수 없거든 즐기라고.

드디어 결심한다.
아니야, 나는 낮은 길이 좋아
산 날망 가는 길은
낮은 길이 좋다고

산 날망 전망대에 올라
숨을 고르는 동안
땀에 젖어 있는 육신은
멀리 오던 길을 바라보며
희열에 잠긴다.

그래도 낮은 길이 좋다고
바람이 가만히 속삭인다.

선생님

선생님이 나는 좋아요
나는 이 말을 좋아한다.
그러나 온몸으로
사랑을 하지는 못했다.

선생님, 야외 수업해요.
나는 이 말을 좋아한다.
그러나 야외 수업을
조금밖에 나가 본 적이 없다.

선생님, 자율 수업해요.
나는 이 말을 좋아한다.
그러나 자율 수업을 조금밖에
주어 본 적이 없다.

맑은 눈동자
제자들이여,
해맑은 꽃송이
바람에 나풀거리다가
세상에서 멀어지는

향기일지라도
나는 마냥 너희들이 좋다.

손

세상에
호랑이보다
무서운 존재.

손가락 하나로야
남을 가리킬 수 있지만
세 손가락은
나를 향하고 있다.

세상에
호랑이보다
무서운 존재.

식탁 앞에서

날마다 날마다 식탁 앞에서
단단하고 단아하며
깔끔하고 소박한
정갈한 한 수저의 밥과
한 번의 젓가락질을 할 수 있는
아침을 만난다.

밥과 국과
가족이 하나 되어
행복한 하루를 위하여
조용히 다짐한다.

그러나 우리는 한 수저의 밥과
한 번의 젓가락질을 위하여
세상으로 나오는 순간
왜곡된 눈과
화려한 거리에서
허접한 수다를 풀어야 하고
웃음 띤 얼굴로 악수를 해야 하고
매우 좋다는 칸에

동그라미를 쳐야 하는
어제 받은
설문지를 생각해야 한다.

한 잔의 텁텁한 술로
배를 채우고
도마 위의 회를
손가락으로 집어서
초장을 찍는 순간
진실과 위선은
공존의 순간을
맞이한다.

얼큰한 세상,
화끈화끈한 연탄불
구수한 입담
가로등 불빛 너머
한 세상이 시끌벅적하다.
혼란한 세상을
버리지 못하고

오늘도 또 하루를
마감하기 위하여
집으로 향한다.

운암 가는 길

바라본 하늘이 마냥 푸르다.
하늘에 떠있는 뭉게구름이
저렇게 아름다운 모습으로
그려지다니

난생 처음이다.
그래서
오늘은 행복하다.
운암 가는 길은
행복하다.

작은 인연

한 알의
씨앗이
땅에 떨어져
백 년이
지나갔다.

작은 인연이
커져서
느티나무가 되었다.

큰 그릇이 되어
마을을
지키고 있다.

전망대

바다가 보이는 점방산 전망대
팔월이 무색하다.

파도 넘실거리는 사이사이로
여기까지 오는 동안
몸도 마음도 지쳐버렸는데
군산 월명공원의 바람이
점방산 전망대에 전부 모여
나에게 부채질을 해준다.

고맙다.
바람아,
전망대야,
살맛나는 세상이 따로 없구나.

중심 잡기

여름의 끝자락을 잡고
이제는 안 되겠다 싶어서인지
햇살은
조용히 창가에 내려앉았다.

느티나무 그늘진
마을의 풍경이
정겹다.

뿌리 깊은 느티나무도
왕성한 나이테의 흔적을
확실하게 남기기 위해서
중심잡기에 들어갔다.

넷째 마당

소통으로 행복한 우리

주에 오징어를 안주 삼아 지나온 삶의 오솔길을 걸으며 흔들리는 뱃머리에서 이름 없는 시인의 시십을 뒤적

행복의 조건

안개 낀 아침은
그리운 옛 친구가 불쑥 나타나
악수를 청할 것만 같아서 좋다.

볼 수 없고,
보이지도 않는
흐릿한 안경을
마냥 닦고 닦아도
보이지 않는 세상 속에서
볼 수 있는 사람이 있어 좋다.

꽃이 먼저 피고
잎이 다음에 나오는
나무처럼
잎이 먼저 나오고
꽃이 다음에 피는
나무처럼
세상에는
삶의 순리가 있어 좋다.

화법

눈으로 사물을 본다.
눈으로 들어온 사물이
마음으로 들어온다.
눈은 곧 마음이다.
굴절된 눈으로는
굴절되어
두꺼운 눈은
두꺼운 대로
얇은 눈은
얇은 대로
세상을 받아들인다.
눈은
직설 화법이다.

희망을 찾아서

아들아
훈련 받느라 고생 많구나.
피할 수 없으면 즐기라고 한 말을
기억하고 있는지
그리고
마음 수행법을
기억하고 있는지
아마 모두 기억하고 있을 거야
현명한 아들은
모두 기억하고 있을 거야

잠시 집을 떠나 군생활을 마치고
다시 집으로 돌아오는 날까지
희망을 찾는 여행으로 생각하고
힘을 내자.
희망을 찾아서 떠나는 여행
얼마나 멋지고 아름다운 여행인지,

벌써부터 너의 늠름한 모습
보고 싶구나.

근육질로 온통 변해서
마치 청룡처럼
마치 천리마처럼
마치 비호처럼
튼튼해진 아들아

항상 너와 함께하는
든든한 가족이 있음을 명심하고
건강과 행운이 함께하기를 바란다.

찻 자리

대숲,
바람 소리,
꿈,
영혼,
차 한잔.

솟아나는
눈물,
그윽한
차 향,
차 맛,
차 빛깔.

시간의 문

복도 바닥에 엎드려 울고 있는
검게 그을린
투명한 날개

어떻게 된 일인지
대문을 빠져나와 서성이고 있다.

세월이 흐르면
느티나무 가지에 매달린
잎들도 흩어지듯

흔적도 없이
사라져 버린
시간의 문에 기대어
감나무에 걸린 까치밥 하나
바라보고 있다.

골목길

골목길에서 너를 보다.

얼굴에서 화안한 미소를 보다.

잠시 동안 어두워졌다가

순간적으로 어린아이의 눈빛으로

골목길에서 너를 보다.

은행잎의 황금빛으로

약속하지도 않았고

약속도 없었는데

마주친 그대 모습

황홀한 노래를 보다.

눈꽃 피다

사람도 한평생 한 번은
시린 날의 추위가 지나면
영하 십오 도의 한랭전선을 타고
화려함의 극치
저 눈밭의 가녀린
사시나무의 눈꽃처럼
필 날이 있을 거라고 생각하며
달리고 달린다.

온몸이 하얀 눈이다.
저녁의 북풍과 싸워
새벽의 햇살을 맞이하며
결국은 승리자가 된 것처럼
하얀 눈꽃이 사시나무에 피었다.

한 줌의 햇살
그것으로도 나는 만족한다.
노루 꼬리만 한 햇살이
비치는 창에 기대어
삶의 의욕을 더듬거려 본다.

더듬이의 촉수에 꽂힌
낮달의 눈썹을 그리며
눈꽃은
꽃이 피는
고통을 마다하지 않고
활짝 꽃잎을 피웠다.

소통으로 행복한 우리

이름 없는 시인의 시집을 들고
제주도행 배를 탄다.

막소주에 오징어를 안주 삼아
지나온 삶의 오솔길을 걸으며
흔들리는 뱃머리에서
이름 없는 시인의
시집을 뒤적이며
짜디짠 삶의 어디인가를 걸어가는
시인의 뒷모습을 훔쳐본다.

배는 제주도의 어느 항구에 정박하고
나는 허전한 거리를 걸으며
발에 걸리는 돌부리를
멀리멀리 걷어차면서
한라산 단풍에 물든
휘파람을 불며
파도의 흰 물거품에 몸을 맡긴다.

이렇게 한가하게
여유를 부려본 적이
언제였던가.
역시 이름 없는 시인의 시집 때문이다.
이렇게 쉽게
시를 읽을 수 있었던 적이 없었는데
시집과 파도와 나와
하나가 된 적이 없었는데
세상과 나와
쉽게 타협한 적이 없었는데
모처럼 이름 없는 시인의
시집과
파도와
나

인연 맺기

모두 다 사랑하기

만난 사람 다 사랑하기

만난 사람과 오래도록 사랑하기

그러다가 헤어지기

헤어져 잊고 살아가기

잊고 살아가다가 떠올리기

오랫동안 못 보아도 문득문득 떠올리기

만나고 헤어져 잊고 살아가기

몇 년 걸러 한 번씩 만나보기

딱 한 번 보고 평생 기억하기

비와 안개

나를 잊지 말아요.
아무리 꽃과 나비가 유혹을 해도
바람이 유혹을 해도
언제든지 만날 수 있도록

나를 잊지 말아요.
아무리 강과 바다가 유혹을 해도
태양이 유혹을 해도
언제든지 사랑을 할 수 있도록

정보화 시대

불쌍해라,
끈에 묶인 수많은 책들
고통스러워라,
집게차의 집게에 매달려
고소 공포증에
대인 기피증에
두 손바닥으로 눈을 가린 채
수직으로 곤두박질 하는
밑줄 하나 치지 않은
새로 산 책
산뜻한 표지의 책들이
시커먼 먼지를 둘러쓰고
서로 부둥켜 안고
이별의 아픔을 견디지 못하고
아우성이다.
새롭게 태어나기 위해서
다시 태어나기 위해서

넘쳐난다고 모든 것이 다
지식이 아니 듯이

산뜻한 표지의 책이라고
아이들이 다
좋아하는 것도 아니니까.

그렇다.
정보화 시대

끈에 묶인 책들을
집게차의 집게로 들어올려
덤프 트럭에
쓸어담고 있다.

도둑가시

텃밭에 마늘을 심고
심심풀이로
왔다갔다하는 뒤란 울타리 너머에
바늘 발톱을 세운
도깨비 같은 바늘이 있어
바지며 저고리에
달라붙어서
귀찮아 하는 나와

무전 여행을 하며
헤헤거리는 도깨비바늘과는
다른 듯하면서도
서로 이해하며 산다.

실은 도둑가시에게
항상 당하면서 살지만
그래도 좋다.
도둑가시가 좋다.

누가 저 도둑가시만큼 실없이

나를 좋아할 수 있을까.
오늘은 흰눈이 내려
더욱 쓸쓸했는데
바지며 저고리에 착 달라붙어
떨어지지 않는
도둑가시가 좋다.

바지와 저고리에
닥지닥지 붙은
도둑가시가 더욱 좋다.

때까치새에 관한 명상

부리가 깨지고
입가에 붉은 피가 흥건한
때까치 한 마리가
뒤란에 떨어져 있다.

겨울날 오후
어쩌다 쳐다본 하늘에서는
함박눈이
풍년든 논에 낟가리 열리듯
손에 손을 맞잡고 온몸을 흔들며
하염없이
하염없이 쏟아져 내리고
저 멀리 앞 산 너머에는
소리개가
쏜살같이 지상으로
내려 꽂히는데
대여섯 마리의 때까치가
유리창 맑은 창가에까지
날아왔다가는
유리창에 비친

하늘과
함박눈과
겨울 나무를 보고
속력을 내다가
유리창에 충돌하고 말았다.

한평생 세상살이 살면서
수없이 많은 착각 속에서
좌충우돌하다가
헤어나지 못한 채 쓰러진
영령들이여
때까치여
피안의 세계에서는
평화롭게 시내기를 바라듯
함박눈이 풀풀 날려
온 세상을
하얗게 뒤덮었다.

생사일체

삶과 죽음은 하나라고 한다.
그러므로 밥과
삶과
죽음은 하나라고 할 수 있다.
왜냐하면 살기 위해 밥을 먹고
밥을 먹기 위해
죽음을 부르기 때문이다.

덩치 큰 먹이를 입에 물고
산길을 건너다가
트럭이 지나가는 줄 알면서도
죽음을 선택한
산새의 일생처럼,
혹은 줄줄이 새끼를 거느리고
산길을 건너면서
입에 덩치 큰 먹이를 물고
앞서 가다가
달려드는 트럭을 피하지 못하고
그대로 삶을 멈추어 버린
까투리의 일생처럼,

밥과
삶과
죽음은
하나라고 할 수 있다.

열강

모교에서 국어를 가르치시던
은사님께서 정년 퇴직을 하셨다.
이제는
은사님의 열강을
들을 수 없게 되었다.
항상 인자하신 웃음과
환한 미소와
부드러운 목소리와
언제나 단점보다는
장점을 강조하시며
열강을 하셨는데
앞으로는
모든 것 다 내려 놓으시고
항상 건강하시고
오래오래 사시기를
기원해 본다.

인생

인생은
나뭇잎을
하나라도
건드리지 않고
숲 속을
자유롭게 날아 다니는
산새다.

현실태에서 이상태로 진화하는 서정의 형상화

— 신해식 시인의 시, 그 밀의密意를 조망하여

소재호(시인, 전 전북문인협회 회장)

필자는 우선 신해식申海湜 시인의 성품을 감히 운위하고, 그의 시 묶음에 평설을 얹는다는 것이 큰 영광이라는 점을 먼저 밝힌다. '전주 풍물 시 동인회' 의 모임을 함께하면서 서로 경계를 둔 일이 없었던 인연으로 해서 부끄럽게도 이 붓을 세우게 되었다. 그러나 민망할 정도로 필자의 식견이 얕은 소이로 자못 평설의 박진감迫進感이 떨어지리라는 것을 심히 우려한다.

신해식 시인을 일컬어 감히 순정주의純正主義자 라고 말하고 싶다. 순수하고 올바른 길로 나아가려는 그의 지엄한 자기 교정은 가히 탈속脫俗의 전범典範이다. 가능한 한 사상事象의 근원에 회귀하려는 정신은 그의 성격에서나 시의 내포에서 절절하다. 시를 평함에 앞서 그 시인의 심상을 들여다본다는 것은, 약간의 예의에 어긋남이 있다 할지라도, 매우 중요하며 또한 당위성이 있다. 사람의 성정이 또는 품성이 문학의 벼리를 짓는 첫 시발점이기 때문이다. 아무래도

시는 과학도 종교도 아니며 특히 이성의 타래를 풀어가는 논리학도 아니다. 그러나 지성성을 배격하고는 탁월한 시가 되지 못히며 아울러 감성의 영역을 폐론하고도 시의 형모는 절대로 갖춰질 수 없다. 필자는 특히 신해식 시인에게서 이성과 감성의 절묘한 융합이 이뤄졌다는 사실을 파악하고서 내 스스로를 대견하다고 오만스럽게 자부한 일이 있었다. 그의 성격상 남향성男向性이 남달리 확연한 반면에, 여성적 톤의 순결주의純潔主義가 시 속에는 골속골속 배어 있다. 거창하게 학문적 결연함을 끌어오던 저 사단칠정론四端七情論이나 이에 발단한 이기설理氣說을 잇대어 볼 필요까지는 없을 터이나, 그의 시에서 피어오르는 아우라는 이理와 기氣의 합성과 통섭通涉이 너무 자연스러움을 발견할 수 있다. 모두冒頭에서 사상의 근원에 회귀하려는 의지를 밝혔거니와, 가령 '눈'이나 '안개', '구름' 따위의 근원에 상도想到하여 '맑고 청정한 물'에 그 본류를 두며 그 물을 자연 이법상에서 피력하는 점 외에도 인문학적 밀의密意에 입각해서도 청정한 세계, 곧 인간의 이상향적인 고향을 설정하고 있음이 놀라운 일이다. 인간 본향으로의 회귀는 순정주의純正主義의 표징으로서 충분하다.

토마스 무어는 그의 『유토피아』에서 인간이 생각할 수 없는 최선의 상태를 갖춘 완전한 사회를 그림 그린다. '도원경'이나 이백의 시구 '별유천지비인간別有天地非人間'이란 글에 내포된 이미지에 유사한데, 그러나 이 모든 말들은 그

'이상향'에 인간 부재를 전제하거나 인간이 상상할 수 없는 이상적인 세상을 말하고 있다. 이에 약간 비끼는 이야기로서 정연희의 「소리가 짓는 둥지」를 예로 들고 싶다. '남들이 보기엔 그저 그런 산골 마을이지만 그에겐 이상향이나 다름없는 곳이다.' 라는 표현이 있다. 신해식 시인의 「물의 나라」에서 보여주는 시상에는 저러한 논평에 충분히 부합한다. 속세에 몸 담았던 소위 가자아假自我는 탈속脫俗하여 진자아眞自我로 회귀하며 인간 본원을 찾아든다.

골 깊은 산골짝을 휘돌아
구천 리를 달려서
아버지의 고향을 찾아왔다.
아버지의 고향이 그리워서
뒤돌아 뒤돌아 보며
바뀌고 바뀌고 바뀌어버린
어릴 적 아버지의 고향이 그리워서
근원을 찾아 올라왔다.
올라갈수록 세상은 더욱 멀어지지만
아버지의 고향은
물이 맑아지면서
한 세상이
환하게
밝아온다.

— 「물의 나라」 전문

시 한 편만을 주시하여 읽어내는 독해는 결코 아니다. 이 시가 모두冒頭에서 언설한 담론들을 대체로 만족시키기 때문에 거례했을 뿐이다.

물이 되돌아가는 형태는 바로 자아自我의 근원에로의 회귀를 의미한다. 물이 '맑아지고' 청정해지고, 환한 세상으로 귀의한다. 이 산골 마을은 존경하고 사랑하며 또는 경외해 마지않는 아버지의 고향이다. 아름다운 고향이면서 아버지에 대한 신성한 이미지와 추억이 그곳에 서려 있어서 부가적 이미지 제고에 한껏 부조扶助하며 상승 효과를 자아낸다. 이 시는 자못 이상향적인 고향을 함의하고 있다. '구천 리'를 달려 가서야 만나는 고향, 물이 온갖 세파를 뚫고 자정自淨의 관정을 지나 자연으로 돌아가는 이야기를 서사적으로 진행시켰다. 도가의 '스스로 그러한 대로'의 '물의 나라'이다.

다시 화두를 좀 다른 곳으로 바꾸려 한다. 순정주의라는 어휘를 사용했거니와, 올바름에 지향하며 광정匡正해 가는 성품은 소위 선비정신에 부합하는 속성이 아닐 수 없다. 선비정신이란 학식이 있고 행동과 예절이 바르며 의리와 원칙을 지키고 명리를 탐하지 않는 고결한 인품이라 정의된다. '선비'란 한자 말이 아니다. 조선 사회 이후 어느 향리에서나 드문드문 있었던 고결한 인품의 학덕인을 일컫는다. 그 사람됨이 빼어나거나 범속을 벗어난 고절한 인물들은, 많은 환난의 시대를 겪어내며 누적적 이미지의 전범典範

을 만들어냈던 것이다. 진실로 말해서 작금의 시대적 현실태에서는 선비가 배출될 수가 없을 것이다. 그러나 가슴 속에 언제나 선비정신을 품으며 자신을 정화시켜가는 부단한 정려精勵는 가히 선비정신에 버금간다고 이를 것이다. 필자는 가끔가끔 신해식 시인에게서 이런 산뜻한 성품을 읽는다. 시풍에 굽이치는 절조節操가 인상 깊다. 외유내강外柔內剛이랄까 하는, 그리고 자기 담금질이 혹독한 면면은 수범의 상징이 될 만하다. 사람 사이에서 사람을 귀히 여기며 남에게의 배려와 공동선에의 선두 행장은 칭송해야 마땅할 것이다. 특히 구십 세를 훨씬 넘기신 어머니를 봉양하며(셋째 아들이면서도) 극진히 행하는 효도는 어떤 어의語義로도 그 치하를 다하지 못하리라 여긴다.

이제 시 몇 편을 임의로 골라 깊이 정독해 보려 한다.

추울수록 단단해지기
매서울수록 파래지기
거세질수록 잔잔해지기
더러워질수록 깨끗해지기

그 속을 흐르는 물
시리도록 파란 하늘

— 「겨울나무」 전문

세한송백歲寒松柏이란 성현의 말씀이 있다. 아주 추운 계절이 되어서야 소나무와 잣나무가 잎이 지지 않고 상청함을 알게 된다는 뜻인데, 시련과 역경에 처해봐야 진정한 선비의 고절이 드러난다 함에 뜻이 닿는다. 춥고 매섭고 거세고 더러운 세상을 능히 이겨내어, 더 단단하고 더 파랗고 더 잔잔하고 더 깨끗해지는 선비상에 다름 아니리라. 패러독스와 아이러니가 시 전편에 굽이친다. 대칭적 사유는 대칭적 조화와 미를 창출해낸다. 자연의 이理에 시의 화자의 기氣가 융합한다. 외유내강으로 자신을 돌봄이 너무 혹독하다. 아무리 추운 낙목한천의 겨울 가운데에서도 내밀하게 안섶에서는 수맥이 흐르고, 한편 신비하게도 하늘은 파랗다고 했다. 이 시가 질료로 삼고 있는 소재들은 단순하지만 하늘과 땅과 사람, 이렇게 결국 삼재三才이므로 우주적 섭리가 담지되어 있다.

짧은 단형시이지만 내포된 메시지는 크고 방대하다.

> 민둥이 트면
> 높은 곳에서 낮은 곳으로 내려오기
>
> 저녁 노을 붉게 물든 순간에
> 낮은 곳에서 높은 곳으로 올라가기
>
> 물은 황금의 소리를 낸다.
> 아침이 되면

물은 희다.

밤이 되는 순간에
물은 깊어진다.

변하고 변하고 변하여도
변함없이
태어난 곳으로 돌아온다.

—「물의 노래」 전문

이 시에서 물은 철인哲人의 품격을 갖춘다. 시간차에 따라 변별되는 물의 양태를 역시 서사적으로 읊었다. 시공의 묘한 대칭이 시의 질성을 풍부케 한다. 역설에 역설은 사뭇 수준 높은 테크닉을 짐작하게 한다. '모습' 이 '소리' 로 공감각으로 치환되는 기교도 빼어나다. '물은 황금의 소리를 낸다' 의 행은 절묘한 전환이다. 물이 밤낮을 지내며 여러 형모로 변하는데, 결국 근원에 다달아 그냥 그 '물' 일 뿐이다. 물이 철학을 하며 여러 색상으로 세상에 그 법리法理를 설파한다. 그리고 자신은 깊어지고 맨 나중에는 태어난 곳으로 돌아간다고 하였으니, 처음 화두에 올렸던 근원주의, 근본 회귀의 담론이 예서 더욱 빛난다. 다른 시에서도 물의 형태소들, 일컬어 눈, 안개, 구름 등등은 그의 시적 결기를 북돋운다.

파아란 하늘 아래에서
새가 날아 다닌다는 것이
얼마나 아름다운 일이냐
마음 속으로 느끼고
온몸으로 깨닫고

오늘 아침 문득
어린 자식들의 성화에
열 송이의 장미꽃을
아내의 품에 안겨주고
다시 바라보는 파아란 하늘은
그동안 잊고 살았던
아내의 사랑이었구나

—「열 송이의 장미꽃」에서

한국의 남성들은 대체로 아내에게의 사랑 표현이 서툴다. 이 시에서도 '어린 자식들의 성화'가 끼어들어서야 겨우 장미를 선물한다. 나이가 지긋해지면서 아내의 사랑을 새삼스럽게 깨닫는다. 사랑의 크기가 마치 파란 하늘과 같아서 오히려 깨닫지 못했던 회한이 서려 있다. 그러나 화들짝 그 사랑의 크고 넓음을 인지한다. 같은 교직에 몸담아 있던 아내에게서 동의를 이끌어내, 명퇴를 시켜서 노모를 봉양케 한 그의 효심은 저러한 아내의 사랑으로부터 기인했으리라.

단풍나무 숲길을 따라
백발의 부부가
앞서거니 뒤서거니
서로를 의지하며
산길을 가고 있다.
가을의 끝자락
노랑나비 한 쌍도 뒤를 따라 가고
어디쯤에서 불어오는
바람에 날려
붉게 물든 노을이 숲 뒤쪽에서
번져오고 있다.

— 「붉게 물든 노을이 숲 뒤쪽에서」 전문

한용운의 시 「님의 침묵」에서, 단풍나무 숲길로 사라지는 님에 대한 영상이 상기된다. 그런데 '타고 남은 재'가 다시 기름이 된다고 하였고, 거자필반去者必反을 설정했듯이 이 시에서도 절대적 단절을 획책하지 않는다. 영락이나 쇠락의 이미지로 단풍나무 숲은 설정되지 않았다. 계절은 풍성하게 숙성됨을 나타내는 가을의 끝자락이다. 단풍숲은 달성된 자연의 섭리 쯤 되는 의미이다. '노랑나비 한 쌍'은 몰락이 아닌 오히려 생성을 펄럭이는 상징성을 띤다. 백발의 부부는 한 점 허무나 회의가 깃들지 않는 달관의 경지를 누리는 부부이다. 이 시는 사뭇 경건한 정경이 회화적으로 묘사되었다. 비교적 신해식 시인의 시편들에서는 종교 냄새가 나지 않는다. 그러나 이 시에서는 경이적 풍광으로 인해, 또는 신비석 현상이 오버랩되는 형상이어서 사뭇 경외감이 솟는다. '붉게 물든 노을이 숲 뒤쪽에서/번져오고 있다' 는 행은 무슨 의미를 함축하고 있을까? '붉은 노을' 은 온 세상을 덮는 어떤 메시아의 말씀 쯤 될 것이다. 진리요, 생명이요, 천지를 평정하는 어떤 지엄한 계율일 것이다. 참되게 살아온 노부부는 이런 장엄한 경지에 도달할 충분한 자격이 있는 것이다.

한 잔의 차를 후후 불어가며
마시는 뜨거움 속에
산길을 넘어 맑은 바람 한 줄기
불어올지도 모르지.
만져보아라. 가만히 내려다보면
별거 아닌데
뜨거움으로 뜨거움을 태워버리는
저 찻잔의 가장자리
안개 속으로 달려가는 태양의
허무함도 볼 수 있지.

—「뜨거움에 대하여」에서

한 잔의 차에서 온갖 진리를 풍유해내는 기법이 특별하

다. 온냉의 차별과 대칭 또는 조화, 안개와 태양의 상충과 융합, 허무감과 초월감 등등 대조해가는 기교가 범상치 않다. 마지막엔 '뜨거움에로의 몰입' 에서 '잡된 생각을 내려놓는' 것으로 대미를 구조했다. 사람의 일상을 뜨거운 차 한 잔 마시는 일로 대입시킨 기법에 방점을 놓는다.

사랑은 모르면 몰라도
한 사람의 세상으로 들어가서
정원사가 되려는 일이니

—「눈꽃, 그리고 사랑 하나」에서

그물을 통과하듯
눈으로 들어온 사람아
이제는
마음으로 들어와 자리잡은 사람아

—「눈은 마음의 창」에서

두 편의 시를 한 이미지로 포개 보았다. 류시화의「그대가 곁에 있어도 나는 그대가 그립다」란 시가 연상된다. '하늘에는/그 하늘만 있는 것이 아니다/그리고 내 안에는/나만 있는 것이 아니다/내 안에 있는 이여/내 안에서 나를 흔드는 이여…' 인데, 내가 그 사람에게 들어간 것이나 그가 내

안으로 들어온 일로, 그가 내 꿈과 만나서 그리움이 되고 사랑이 된다는 시로서, 함께 일컬어 의미심장한 작품이라 말할 수 있을 것이다. 평범한 시어로서 그 꾸밈이 순수하고 맑아서 담담하되, 내면에 장치한 의미는 매우 웅숭깊다.

지금, 병원에 입원 중이신
어머니의 무릎 관절 근처에서
그동안의
사람의 역정歷程을 파악할 수 있는
눈꽃의 깨끗하고 맑은
모습으로 되살아난다.
아들아, 눈꽃이 녹아내린 물방울이
나뭇가지를
타고 흘러내리듯
항상 순리에 맞게 살아라, 살아라 하신
세월의 눈으로 흐르고

— 「눈꽃, 그리고 사랑 둘」에서

공자는 '효孝'에 대하여 제자의 질문을 받고 답하기를 부모유기질지우父母唯其疾之憂라며, '오직 자식이 병들까 봐 걱정하는 부모의 마음'이라 일렀다. 효는 자식이 부모에게 올리는 공경심인 줄로 우리가 모두 알고 있는 통념이었는데, 이런 역지易地가 어디 있단 말인가? 속설에, 효자는 그 부모가 만든다는 말도 있다. 부모가 자식 사랑함에서 연유된 교습으로 효는 계승되고 익히게 됨을 말하는 듯하다. 신해식 시인의 효심은 정말 각별한데, 이 시에서 어머니가 자식에게 내리는 훈도는 매우 감동스럽다.

또한 물을 예찬하는 시가 많은데, 여기서도 눈(물)이 인간성 세정의 질료로 등장한다. 예로부터 물 흐름을 세상 이치의 순리에 비유하여 표현한 것이 허다하였다. 지혜를 펴는 일, 지식, 슬기를 사랑함을 요수樂水라 하였다.

모두 다 사랑하기
만난 사람 다 사랑하기
만난 사람과 오래도록 사랑하기
그러다가 헤어지기
헤어져 잊고 살아가기
잊고 살아가다 떠올리기
오랫동안 못 보아도 문득문득 떠올리기
만나고 헤어져 잊고 살아가기
몇 년 걸러 한 번씩 만나보기
딱 한 번 보고 평생 기억하기

— 「인연 맺기」 전문

해변의 모래알처럼 많은 사람들, 그 중에서 일생 동안 몇이나 만나서 인연을 맺을까? 슈바이처는 생의 외경畏敬을 그 철학의 중심으로 삼았는데, 특히 사람은 두려울 정도로 공경의 대상이란 점을 확고히 했다. 사람의 삶, 그 궤정은 오로지 사람과 인연 맺는 일이며, 사람에게 가장 으뜸의 복은 인연복이라고 불가에서는 말한다. 신해식 시인의 인연에 대한 사려는 매우 깊다. '건곤동포애乾坤同胞愛' 라는 말이 있다. 천하의 모든 사람을 사랑하고자 하는 신해식 시인의 도량은 한없이 넓다. 최소한 그의 심중에는 사람 공경의 이상태가 구조되어 있다. 주변에 죽어 간 지인들을 한 사람 한 사람 뇌리에 떠올리면 인간사 허무하기도 하지만, 매사에 편벽되게 치닫던 자기 성찰도 도모해지기 마련이다. 서정주 시인의 시에서 '마흔 다섯 살' 엔 귀신이 보이는 나이라고 했다. 신해식 시인의 인생관이 어렴풋이 도해된다. 그의 본색은 어쩔 수 없이 드러나는 바, 인간 존중의 그 어름에서 그는 항상 배회한다.

백양사 입구 산문에는 '이 뭐꼬' 라는 화두를 돌에 새겨 세워 놓았다. 한편 요새 TV 개그콘서트에서 '그런 거 해서 뭐하겠노?' 하는 경상도 말씨가 있다. 전자는 불성佛性에 따른 선문禪問일시 분명하다. 가령 인간의 참된 삶을 위한 성찰을 주문하는 정도로 필자에게는 이해되면서, 또한 후자는 늙은이의 허무감 정도로 해석된다.

'무엇하러' 인간은 이 고해의 세상에 왔다가 가는 것인가 하는 질문에 감히 명쾌한 답을 댈 수는 없다. 그러나 물 흐르듯 인생의 길을 순리로 나아가야 한다는 주장이 신해식 시인의 시에서 유로된다. 그리고 여기서 간과되어서는 안 되는 점은, 그는 결코 허무주의자는 아니며 초연한 진자아眞自我로, 또는 대아大我로 진화되어가는 서정성과 사변思辨을 그의 시에서 자주 만나게 된다는 점이다. 또한 긍정적이며, 현실태現實態에서 승화를 꾀하여 이상태理想態에 진화해 가고 있음도 눈에 띄는 주목해야 할 점이다.

이제 오히려 췌사贅辭가 되어 버린 필자의 글을 맺으며 신해식申海湜 시인의 문운 융창을 기원한다.

신해식 시집

붉게 물든 노을이 숲 뒤쪽에서

초판인쇄 | 2012년 12월 20일
초판발행 | 2012년 12월 27일

지 은 이 | 신 해 식
발 행 인 | 서 정 환
발 행 처 | 신아출판사

출판등록 | 1984년 8월 17일 제28호
주 소 | 전주시 완산구 태평동 251-30
전 화 | Tel. 063-275-4000, 063-252-5633
팩 스 | (063) 274-3131
E-mail | shina321@chol.com
sina321@hanmail.net

값 8,000원
ISBN 978-89-98524-03-6 03810

* 이 책은 전라북도 문예진흥기금 지원을 받았습니다.